U0694753

电网企业红色品牌建设手册

国网嘉兴供电公司◎编著

建设手册

——具有中国特色的国家电网子品牌模式研究

经济管理出版社
ECONOMY & MANAGEMENT PUBLISHING HOUSE

图书在版编目（CIP）数据

电网企业红色品牌建设手册：具有中国特色的国家电网子品牌模式研究/国网嘉兴供电公司编著 . —北京：经济管理出版社，2024. 4

ISBN 978-7-5096-9661-3

Ⅰ.①电…　Ⅱ.①国…　Ⅲ.①电力工业—工业企业管理—研究—中国　Ⅳ.①F426. 61

中国国家版本馆 CIP 数据核字（2024）第 080013 号

组稿编辑：申桂萍

责任编辑：申桂萍

助理编辑：张　艺

责任印制：黄章平

责任校对：王淑卿

出版发行：经济管理出版社
　　　　　（北京市海淀区北蜂窝 8 号中雅大厦 A 座 11 层　100038）

网　　　址：www. E-mp. com. cn

电　　　话：（010）51915602

印　　　刷：唐山玺诚印务有限公司

经　　　销：新华书店

开　　　本：880mm×1230mm/32

印　　　张：2. 625

字　　　数：59 千字

版　　　次：2024 年 4 月第 1 版　　2024 年 4 月第 1 次印刷

书　　　号：ISBN 978-7-5096-9661-3

定　　　价：48. 00 元

编委会

目　录

理念篇

路径篇

实践篇

工具篇

理念篇

一、红色精神的内涵与意义

（一）红色精神的内涵

红色精神是在中华民族特定历史背景和历史使命下，遵循马克思主义，立足中国具体实际形成的以爱国主义为主线，凝聚中国共产党在革命、建设、改革发展实践中理想信念，融合广大人民群众意志的中华民族精神。

红色精神按照历史时期划分，具体可分为新民主主义革命时期的革命精神、社会主义革命和建设时期的建设精神、改革开放以来的改革精神。具体包括红船精神、井冈山精神、长征精神、延安精神、西柏坡精神，以及在社会主义革命和建设时期、改革开放以来形成的铁人精神、雷锋精神、抗震救灾精神、抗疫精神等。

（二）红色精神的特征

1. 先进性

红色精神以马克思主义思想作为科学指导，以共产主义的理想信念为核心，其内在积极向上的精神追求和高尚的思想境界具有先进性和科学性。中国共产党作为红色精神最为重要的倡导者、践行者和传承者，本身具有无比的先进性。红色精神是党和人民保持昂扬斗志和进取精神的强大动力，是社会主义先进文化建设的精神资源，从文化形态和现实发展来看，都具有明显的先进性。

2. 民族性

红色精神产生于中华民族反对压迫、实现民族独立和解放的过程中，从中华民族优秀传统文化和几千年传承下来的民族精神中汲取了天然的养分，是饱含民族特色的精神文化产物，具有中华民族的独有特性。红色精神既体现了马克思主义基本原理，也蕴含了中华民族几千年来的优秀传统文化思想，继承了中华民族精神，因而发挥了精神融合的独特作用。

3. 大众性

红色精神反映了不同时期人民群众的精神状态，是中国共产党带领广大人民群众进行革命斗争、社会主义建设和改革发展的智慧结晶。从红色精神的服务对象来说，红色精神既是广大人民群众在革命、建设中创造出来的，被广大人民群众所认同的，又是能够服务人民、引领人民发展的。

4. 时代性

红色精神之所以永不过时，并具有强大的生命力，是因为在时代主题转换的过程中，红色精神的内涵更加丰富、主题更加鲜明、表现更加多样，反映每个时代特有的精神气质，是每一个特定时期的历史印记。随着时代的发展，红色精神不断被赋予新的内容，是时代精神的折射。

（三）传承红色精神的意义

1. 传承红色精神，为坚定理想信念提供支撑

革命理想高于天，理想信念是我们精神上的"钙"。继承和弘扬红色精神，补足理想信念之"钙"。红色精神发源于艰难的革命岁月，历经社会主义建设的曲折，丰沛于改革开放的新时期，在与时俱进的发展中，坚定了一代又一代人的理想信

念。红色精神蕴含了中国共产党人的最高理想，凝聚了不同时期中国共产党人的共同信仰。在和平、富强的现代化时期里传承红色精神，有利于人们了解革命历史，坚定共产主义理想信念。

2. 传承红色精神，为创新经济建设提供动力

继承和弘扬红色精神，发挥经济建设主体的价值导向作用，激励人们进行经济改革创新，促进新时代中国特色社会主义经济建设的发展。红色精神中蕴含的艰苦奋斗、不怕困难、改革创新、与时俱进等精神品格，是推动经济建设的不竭精神动力。新时代继承和弘扬红色精神，坚定共产主义理想信念，发扬科学创新精神，推动经济创新发展，为建设社会主义现代化强国提供不竭的精神动力。

3. 传承红色精神，为增强文化自信提供基础

红色精神是红色文化的精髓与灵魂，是马克思主义中国化的文化成果，继承和丰富了优秀传统文化中以爱国主义为核心的民族精神，深刻体现了中国共产党优良传统与优秀品格。红色精神是对优秀传统文化的继承与创新，诠释了传统文化的要义。从革命到改革，再到现代化，红色精神为党和人民提供了丰富的精神激励。发源于革命实践、凝练历史经验的红色精神是增强文化自信的思想源泉，为坚定文化自信提供了有力支撑。

二、红色品牌的内涵与作用

（一）红色品牌的内涵

1. 红色品牌

红色品牌中的红色，是指附着在品牌上的政治色彩。红色，

代表着马克思主义理论、共产主义理想、社会主义信念、人民根本利益和共产党人的信仰。这种色彩通过与品牌结合在一起，就会使红色融入人们的日常生活，深入人心；同时，也会赋予品牌新的功能，满足人们爱国爱党、崇尚英雄的心理，激发人们百折不挠的奋斗激情，引领和指导人们对美好生活的正确追求。

红色品牌作为品牌的类型之一，具备以下两点特性：

一是具备"市场"这一品牌基本属性。品牌是市场经济中一个具体的营销名词，因此，依托红色品牌产生的产品、服务及其他衍生品都需要具备品牌基本的经济价值和长远影响的效应价值。

二是具备"红色"的特殊政治属性。红色品牌区别于其他品牌类别的最大之处在于，其融入了红色精神，旨在发扬红色传统、传承红色基因。红色品牌的实质是对附着在品牌上的红色文化的价值传递。

2. 企业红色品牌

企业红色品牌与红色品牌之间的区别在于品牌塑造的主体更加明确，重点在于企业对红色品牌的打造。企业红色品牌是企业立足或者依托区域特色、典型的红色精神文化，结合企业自身产品或者服务传播的需求，打造的一种品牌类型。

企业红色品牌与企业其他品牌之间的区别在于，企业在塑造红色品牌时立足于红色精神文化的根基，围绕区域红色精神文化的内核，将这些红色元素体现在品牌整体设计当中。同时，企业在塑造红色品牌的过程中，既要体现各类实践行动是在红色精神指导下展开的，也要体现实践理念符合红色精神内涵。

（二）红色品牌与国家电网品牌的关系

1. 国家电网为红色品牌建设提供天然土壤

国家电网作为公用事业企业，其先天承担着一定的社会责任，作为国有企业，担负着落实重大国家战略、推动人民美好生活建设、保障能源安全的责任。因此，其中蕴含的某些属性与红色精神文化的内核是一致的、紧密联系的。对国家电网来说，将红色精神融入企业品牌建设中，既能以红色精神指导发展方向，又能通过践行红色精神提升服务水平和发展质量。从国家电网的体量规模、覆盖范围来看，其具备的资源优势更加突出，在红色资源整合上具备天然优势，其庞大的人员基础是传承红色精神的有力载体。因此，国家电网打造红色品牌能够促进红色品牌建设多点开发，促进红色精神赓续发展。

2. 红色品牌是国家电网品牌资产的重要分支

红色品牌是国家电网品牌体系下的一个子品牌，与服务品牌、公益品牌等其他子品牌不同，红色品牌进一步从历史和社会层面高度凝聚共识，深刻诠释"人民电业为人民"的企业宗旨，既丰富了国家电网品牌资产架构，又从不同角度展示了国家电网的品牌形象。红色品牌建设能够进一步助力深化国家电网品牌核心，通过塑造不同类型的红色品牌，实现红色子品牌"反哺"国家电网母品牌，以充分发挥母子品牌合力，形成母子品牌良性互动的生态发展模式。同时，发展红色子品牌，各级公司能够充分发挥其红色品牌的价值，为国家电网品牌的增值、提质、优化、美誉发挥反哺作用，推动国家电网品牌资产价值保值增值，实现品牌价值领先。

（三）电网企业打造红色品牌的作用

1. 树立电网员工开展履责实践的崇高信念

红色精神是坚定理想信念的精神支撑，融合了红色精神的电网企业红色品牌是鼓励电网员工传承红色精神的有效途径。一方面，电网企业作为国有公共事业企业，需要充分履行好企业社会责任，打造电网企业红色品牌，通过对红色精神和红色文化的深入诠释，从而形成理念指引，鼓励员工在开展电网建设活动、电力服务等业务实践中，始终以品牌理念为导向，为员工树立正确的、崇高的价值观，更好地担负使命责任；另一方面，围绕红色精神建立起来的电网企业红色品牌，赋予了电网服务理念更深刻的内涵，电网员工在日常工作中将用实际行动诠释红色品牌理念，在实际行动中理解红色精神、树立更加牢固的信念感，从而助力电网企业锻造一支更加坚强的人才队伍，为电网发展建设奠定基础。

2. 深化利益相关方对电网品牌内核的认同感

红色精神历史悠久、积淀深厚，立足于地方历史文化形成的红色精神具有更广泛的群众基础和更普遍的认识度，因此，建立在红色精神基础上的电网企业红色品牌，更容易获得来自社会各界的认同。首先，有利于扩大品牌内涵的知名度。打造全新的品牌理念、塑造全新的品牌内核，对于电网企业来说，品牌前期的概念推广周期更长，品牌知名度打开范围受限，因此，以地方公众更为熟知的内容作为品牌内涵，更有利于拉近电网企业与公众之间的距离，也更加符合电网企业服务于每一位用户的企业特征。其次，有利于强化公众对品牌内容的理解度。地方红色精神的内涵被公众熟知，以此展开的企业品牌内容在传播过程中能够降低公众理解品牌的难度。最后，有利于加深品牌理念的记忆度。由"红色精神+电网属性"形成的电网企业红色品牌，实现了"红色"与"电网"的有机融合，充分利用红色精神的基础优势传递了电网企业的品牌理念，强化了品牌印记。

3. 形成建设世界一流电网企业的长久驱动力

国家电网立足新发展阶段、践行新发展理念，服务新发展格局，提出建设"具有中国特色国际领先的能源互联网企业"和"一业为主、四翼齐飞、全要素发力"的"十四五"发展总体布局。在此背景下，以红色精神为基础的电网企业红色品牌能够为电网企业建立起一个差异化、内外协同的品牌生态，为世界一流电网企业建设和企业战略目标实现提供动力。从电网企业内部环境来说，电网企业红色品牌通过建立统一的品牌认同、理想信念，引导员工发挥在促进电网企业业务创新、业态创新和商业模式创新中的能动作用，推动电网向产业价值链高端迈进。从电网企业外部环境来说，吸引以红色精神为主体的品牌价值观的利益相关方，从而构建一个由精神认同过渡到品牌认同的外部生态关系，能够为电网企业开展各类实践营造一个良性互动的舆论环境和发展环境，由此形成企业内外互动良好、各类资源的能力共享互补、发展红利惠及各方的共享格局，形成国家电网建设世界一流企业的长久驱动力。

路径篇

一、萌芽期——塑造电网企业红色品牌内涵

萌芽期是品牌成长最关键的时期，这个阶段往往决定品牌和产品的成长基因。电网企业要建设红色品牌，萌芽期的管理目标则是通过从一系列红色精神中筛选品牌红色基因，提取到合适的红色价值符号，并结合电网企业行业特点和企业特点，融合形成具有企业个性的红色品牌内涵，明确企业红色品牌定位，为抓住品牌所需的成长要素奠定基础。

（一）梳理并筛选红色精神

红色精神是中国共产党把马克思主义普遍原理与中国革命、建设和改革开放实践相结合的产物，是在吸收中华民族精神的基础上所形成的智慧结晶。2021 年 2 月 20 日，习近平总书记在党史学习教育动员大会上指出，在一百年的非凡奋斗历程中，一代又一代中国共产党人顽强拼搏、不懈奋斗，涌现了一大批视死如归的革命烈士、一大批顽强奋斗的英雄人物、一大批忘我奉献的先进模范，形成了一系列伟大精神，构筑起了中国共产党人的精神谱系。2021 年 9 月，党中央批准了中央宣传部梳理的第一批纳入中国共产党人精神谱系的伟大精神（见工具 1 红色精神参照内容），此处以第一批纳入的伟大精神为例进行红色精神梳理分析。

1. 按历史脉络分类

从历史脉络来看，这些精神分为：

新民主主义 革命时期	井冈山精神、苏区精神、长征精神、遵义会议精神、延安精神、抗战精神、红岩精神、西柏坡精神、照金精神、东北抗联精神、南泥湾精神、太行精神（吕梁精神）、大别山精神、沂蒙精神、老区精神、张思德精神
社会主义革命 和建设时期	抗美援朝精神、"两弹一星"精神、雷锋精神、焦裕禄精神、大庆精神（铁人精神）、红旗渠精神、北大荒精神、塞罕坝精神、"两路"精神、老西藏精神（孔繁森精神）、西迁精神、王杰精神
改革开放和 社会主义现代 化建设新时期	改革开放精神、特区精神、抗洪精神、抗击"非典"精神、抗震救灾精神、载人航天精神、劳模精神（劳动精神、工匠精神）、青藏铁路精神、女排精神
中国特色社会 主义新时代	脱贫攻坚精神、抗疫精神、"三牛"精神、科学家精神、企业家精神、探月精神、新时代北斗精神、丝路精神

此外，伟大"建党精神"是百年前"党的建立"和百年进程中"党的建设"精神力量的总概括，是中国共产党的精神之源。

2. 按涵盖领域分类

从涵盖领域来看，这些精神涉及政治、经济、文化、军事、外交、科技、生态文明等社会领域的方方面面。

政治方面	如遵义会议精神
经济方面	如大庆精神、红旗渠精神
文化方面	如雷锋精神
军事方面	如抗美援朝精神
外交方面	如丝路精神
科技方面	如新时代北斗精神
生态文明方面	如塞罕坝精神

3. 按承载主体分类

从承载主体来看，这些精神包括地域、会议、事件、人物等多个方面。

地域类	如井冈山精神、苏区精神
会议类	如遵义会议精神
事件类	如长征精神、抗疫精神
人物类	如焦裕禄精神、雷锋精神、老西藏精神（孔繁森精神）

4. 选定传承精神

要塑造红色品牌，企业要拥有清晰的红色品牌认知，认识到红色品牌是需要被目标群体高度认同的、具有重要价值的无形资产，它不仅意味着知名度，更意味着对目标群体的承诺。因此，企业要对与企业有关联的红色精神进行全盘梳理，依据目标群体的需求和企业承诺，选择企业能够实现红色品牌转化的红色精神，进一步传承发扬。

维度	具体内容	示例
地域关联性	以企业所在地形成的红色精神作为最高优先级考虑	➤ 嘉兴——红船精神 ➤ 延安——延安精神 ➤ 兰考——焦裕禄精神
内容匹配性	考虑红色精神是否与行业属性、企业特点匹配契合	➤ 特区精神——适用于特区企业 ➤ 载人航天精神——适用于航空相关企业
价值发展性	考虑红色精神在未来的文化冲突与融合中能否存活下来并占据有利竞争地位	➤ 全面建成小康社会后，脱贫攻坚精神的发展将有更丰富的时代价值

（二）提取红色价值符号

符号被认为是携带意义的感知。在选定出企业传承发扬的红色精神后，从符号学原理中的语构、语用和语义三个维度对红色精神进行内容体系解析，提取红色价值符号。

维度	研究方向	红色价值符号
语构	研究红色精神元素的表现方式及元素之间的构成，探讨符号的组合方式	➤ 语言文字元素（如口号、标语、语录等） ➤ 图形符号元素（如五角星、火炬、党徽等） ➤ 艺术装饰元素（融合字体、色彩、图像以及造型等方面的综合性元素）
语用	通过语言意义来研究符号的来源及运用	➤ 红色精神来源（地点、人物、事件等） ➤ 红色精神适用范围
语义	研究符号的不同表达意义	➤ 内涵语义（功能性、指向性、象征性） ➤ 外延语义

（三）提取企业价值特征

电网企业需要深入分析企业自身性质和行业性质，在把握品牌类别（服务品牌、绿色品牌、公益品牌、产品品牌等）的基础上，融合企业的行业特性、国家电网及所在省级电网公司的相关战略部署和企业所传承的企业文化要素，让利益相关方能够通过企业红色品牌的外显因素感知到品牌中所隐含的深层价值。因此，从行业性质、企业性质、企业战略、企业文化四个方面进行分析，提取企业价值特征。

1. 行业性质分析

在我国国民经济中，电力行业占据重要地位，是关系国计民生的基础产业，电力安全可靠供应事关国家命脉，事关经济社会发展全局，具有极强的政治性、公益性、风险性和工程性。

特征	特征说明
政治性	政治性是电力行业不可或缺的基本属性。电力行业发展、能源结构调整等基本由国家政策主导
公益性	作为服务千家万户的可靠供电保障主体，电网企业落实电价改革、电价优惠政策，居民电价长期维持在较低水平，牺牲企业的利益，实际就是一种国有企业的社会责任
风险性	电力行业属于高危险性行业，从业人员的工作环境有着很强的危险性。电力行业的电气设备数量较多，常常涉及高温、高压作业，从业人员需要保持高度警惕
工程性	电网企业建设工程基本都具有投资规模大、建设周期长、收益率不高等特征

2. 企业性质分析

对于企业而言，品牌更多的是体现在一种外在的形象、公众的口碑，是建立在广泛认知和价值认同基础上的一种信任关系，抓住企业性质特点为塑造良好企业形象奠定基础。

特征	特征说明
国有企业	在我国，国有企业作为政府参与经济运行的方式之一有其特殊性，本身就具有"国家"与"市场"双重属性，不仅要履行政治责任、经济责任，还要承担包括环境、社会、法律、道德和公益慈善等其他方面的责任
能源企业	电网企业作为能源行业企业之一，具有能源行业的政治性、公益性、风险性和工程属性特征
公用事业企业	公用事业企业以其掌握的社会资源及其成立的目的和对社会的影响度不同，具有特殊的社会角色和地位，要承担更多或更为特殊的社会义务与责任

3. 企业战略分析

品牌是企业的战略选择，品牌建设要将企业的品牌战略和公司发展战略紧密相连。

战略内容	战略解读
中国特色	"中国特色"是根本，体现为坚持"两个一以贯之"、党的领导有机融入公司治理，体现为坚定不移服务党和国家工作大局，体现为走符合国情的电网转型发展和电力体制改革道路，体现为全面履行政治责任、经济责任、社会责任
国际领先	"国际领先"是追求，致力于企业综合竞争力处于全球同行业最先进水平，经营实力领先、核心技术领先、服务品质领先、企业治理领先、绿色能源领先、品牌价值领先、公司硬实力和软实力充分彰显

续表

战略内容	战略解读
能源互联网企业	"能源互联网企业"是方向，代表电网企业发展的更高阶段，能源是主体，互联网是手段，公司建设能源互联网企业的过程，就是推动电网向能源互联互通、共享互济的过程，也是用互联网技术改造提升传统电网的过程

4. 企业文化分析

企业文化是指企业在一定价值体系指导下所选择的那些普通的、稳定的、一贯的行为方式的总和。企业文化应该反映出一个企业对自身的定位及其独有的价值观，即企业的"个性"。

维度	企业文化	内容解读
企业宗旨	人民电业为人民	"人民电业为人民"是老一辈革命家对电力事业提出的最崇高、最纯粹、最重要的指示，体现了国家电网发展的初心所在 牢记国家电网事业是党和人民的事业，始终坚持以人民为中心的发展思想，深入贯彻创新、协调、绿色、开放、共享的新发展理念，着力解决好发展不平衡不充分问题，全面履行经济责任、政治责任、社会责任，做好电力先行官，架起党群连心桥，切实做到一切为了人民、一切依靠人民、一切服务人民
企业使命	为美好生活充电，为美丽中国赋能	为美好生活充电，就是以更可靠的电力和更优质的服务，持续为客户创造最大价值，助力经济社会发展和人民美好生活 为美丽中国赋能，就是贯彻落实"四个革命、一个合作"能源安全新战略，主动适应能源革命和数字革命融合趋势，加快电网全面跨越升级，推动能源互联互通，促进建设清洁低碳、安全高效的能源体系，为建设美丽中国贡献力量

维度	企业文化	内容解读
企业定位	国民经济保障者、能源革命践行者、美好生活服务者	国民经济保障者，体现公司作为国有重点骨干企业的属性，就是深刻认识国有企业"六个力量"的历史定位，积极履行经济责任、政治责任、社会责任，为经济社会发展提供安全、可靠、清洁、经济、可持续的电力供应，在服务党和国家工作大局中当排头、作表率。 能源革命践行者，体现公司作为能源电力企业的属性，就是深入落实"四个革命、一个合作"能源安全新战略，主动适应能源变革趋势，充分发挥电网枢纽和平台作用，在保障国家能源安全、推动能源转型中发挥骨干作用，成为引领全球能源革命的先锋力量。 美好生活服务者，体现公司作为公用事业企业的属性，就是自觉践行党的根本宗旨，把群众观点、群众路线深深植根于思想中、具体落实到行动上，在满足人民美好生活需要、促进社会文明进步中发挥应有作用
企业精神	努力超越、追求卓越	始终保持强烈的事业心、责任感，向着国际领先水平持续奋进，敢为人先、勇当排头，不断超越过去、超越他人、超越自我，坚持不懈地向更高质量发展、向更高目标迈进，精益求精、臻于至善

（四）明确红色品牌定位

品牌定位是在综合分析目标市场与现有类似品牌情况的前提下，建立一个符合原始产品或服务的独特形象，并对品牌的整体形象进行设计、传播，从而在公众心中占据一个独具价值的地位。其着眼点是公众的心理感受，途径是对品牌整体形象进行设计，实质是依据目标群体的需求，设计产品或服务属性并传播品牌价值，从而在目标群体心中形成该品牌的独特位置。准确进行品牌定位，是电网企业红色品牌建设的基础。

品牌定位步骤	具体工作内容
开展市场调研	通过调查问卷、现场走访、电话访谈等形式，对目标群体或社会公众进行调研，了解市场现状、各方面对的问题、主要需求、主要挑战等
目标群体需求分析	结合市场调研结果，分析预定目标群体的需求情况
现有类似品牌比较分析	结合市场调研结果，分析目前市场上存在的类似品牌情况，分析品牌有效差异化的可能性
细分市场确认	确认品牌代表的产品或服务的受众范围
目标群体偏好确认	确认目标群体的主要需求和具体偏好
品牌传递核心价值确认	确认品牌要传递的核心价值
品牌形象定位确认	设定品牌在公众心目当中的形象定位

二、孕育期——加强电网企业红色品牌管理

　　孕育期是指品牌初始设计并进入市场阶段，有待于被社会公众认识和接受。电网企业要建设红色品牌，孕育期的管理目标是通过加强品牌管理构建系统的品牌管理体系，包括制定品牌战略、构建品牌文化、设计品牌 VIS、强化组织保障等。

（一）制定品牌战略

　　品牌战略是企业以品牌的营造、使用和维护为核心，在分析研究自身条件和外部环境的基础上所制定的企业总体行动计划。品牌战略的关键点是管理好目标群体，在深入研究目标群体的需求、行业特征、现有类似品牌的品牌联想的基础上，设计制定品牌的总体建设策略，用以统率企业的一切品牌管理

活动。

1. 研讨品牌战略规划

品牌战略是为品牌建设设立目标、方向、原则与指导策略，作为企业经营战略的重要组成部分，品牌战略的规划制定离不开企业高层的参与。品牌战略规划所要解决的是品牌经营中的根本问题，对品牌现在与未来的属性、结构、范围、内容、愿景与管理机制等问题做出清晰的规划，为品牌的长期发展道路扫清障碍。

品牌战略内容	研讨方向
品牌化决策	解决品牌的属性问题。是塑造红色产品品牌、红色服务品牌还是红色公益品牌？是自创品牌还是外购或加盟品牌？品牌在创立之前就要决定企业品牌选择，以及企业是否以品牌为中心来展开哪些工作内容
品牌模式选择	解决的是品牌的结构问题。是单一品牌还是多元化品牌？是独立品牌还是国家电网有限公司品牌附属品牌？是联合品牌还是主副品牌？是背书品牌还是担保品牌？一个清晰、协调且科学的品牌结构，对于整合有限的资源，减少内耗，提高效能加速累积品牌资产是至关重要的
品牌形象策划	解决品牌识别的界定问题。从品牌的理念识别、行为识别与符号识别三个方面规范，其中包括以品牌的核心价值为中心的核心识别和以品牌承诺、品牌个性等元素组成的基本识别；还规范了品牌在企业、代言人与产品、推广、传播等层面上的准则；同时为品牌在视觉、听觉、触觉等方面确立基本标准
品牌延伸规划	对品牌未来发展所适宜的事业领域范围进行清晰界定，明确了未来品牌适合在哪些领域、行业发展与延伸，在降低延伸风险、规避品牌稀释的前提下，以谋求品牌价值的最大化
品牌管理规划	是从组织机构与管理机制上为品牌建设保驾护航
设立品牌愿景	明确品牌发展的各阶段的目标与衡量指标，界定品牌现存价值、未来前景、信念准则

2. 制订品牌建设方案

制定品牌建设方案是将品牌战略规划落地的有效手段，将企业品牌战略规划进一步梳理细化，明确品牌建设目标、实施内容、分工、时间等要求，为企业品牌建设工作提供实施细则。

（二）构建品牌文化

品牌文化是指品牌在经营过程中逐步形成的文化积淀，代表了企业和社会公众的利益认同、情感认同、价值认同。

1. 企业文化与品牌文化的比较

与企业文化的内部凝聚作用不同，品牌文化突出了企业外在宣传与整合优势，将企业品牌理念有效地传递给社会公众。

项目	企业文化	品牌文化
建立基础	内部管理与运营	对外沟通
建立目的	解决企业存在的目的、未来发展方向、如何做的问题	主要解决与品牌目标群体的关系问题
建立环境	相对封闭	完全开放
构成	形象层、行为层、制度层、价值层	品牌建立、推广、维护等
形成方式	由自发到自觉形成系统，不断总结提炼	自发形成与精心策划结合
目标人群	企业内部为主	外部利益相关方

2. 品牌文化构成要素

品牌文化是凝结在品牌上的企业精华，为品牌贯注文化内涵的根本目的在于借文化之力赢得目标群体对品牌理念的认同。

品牌文化建设应与品牌发展同步，需要品牌的成长、成熟带来内外部的积累和积淀。

品牌文化构成要素	具体阐释	建设内容
品牌精神文化	品牌精神文化指品牌在市场营销中形成的一种意识形态和文化观念。品牌精神是品牌文化的核心，是品牌的灵魂。它决定品牌的个性和品牌形象，决定品牌态度以及品牌在营销活动过程中的表现	包括品牌愿景、品牌精神、品牌情感、品牌伦理道德、价值观和目标等
品牌行为文化	品牌行为文化是品牌营销活动中的文化表现。品牌行为指直接体现品牌理念文化的企业行为，是品牌精神的贯彻和体现。品牌文化在品牌运动中建立，品牌价值在营销中体现。品牌行为是品牌与顾客关系建立的核心过程，关乎品牌的个性彰显和形象塑造，品牌行为决定了品牌的命运	如营销行为、质量行为、服务行为、宣传行为、品牌维护行为、个人行为等
品牌物质文化	品牌物质文化是品牌的表层文化，由产品和品牌的各种物质表现方式构成。品牌物质文化是品牌理念、价值观、精神面貌的具体反映，集中表现了一个品牌在社会中的外在形象。顾客对品牌的认识主要来自品牌的物质文化，它是品牌对消费者的最直接的影响要素。因此，它是消费者和社会对一个品牌总体评价的起点	包括品牌的名称、标志、标志字、标志色、标志性包装、宣传性包装、宣传标语、展示陈列等企业视觉识别（VI）

（三）设计品牌 VIS

品牌的 VIS（Visual Identity System），即品牌视觉识别系统，是一种具体化、视觉化的符号识别传达方式，它将品牌理念、品牌文化、服务内容等抽象语言，以独特的名称、标志、标准包装等视觉要素具体而形象地表现出来。VIS 包括基础设计和应用设计，基础设计系统的要素有品牌名称、品牌标志、标准字体、标准色彩、标志造型和品牌广告语等；应用设计系统的要素有事物用品、包装、环境、交通运输工具和制服等。

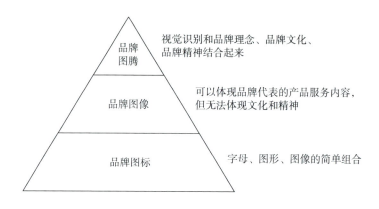

图 2　VIS 设计层级金字塔

优秀的 VIS 设计应将企业价值观传达给受众，对内提高企业士气，加强企业凝聚力，对外树立企业的整体形象，通过独特的视觉符码，以形象的视觉形式宣传企业文化，从而获得价值认同，提高品牌的知名度、认识度、美誉度和忠诚度，提升品牌价值和附加值。因此，VIS 的改进与升级是与品牌文化、品牌精神逐步形成同步的，也是在品牌建设发展的各阶段持续开展的。品牌 VIS 设计基础要素如下：

VIS 要素	具体阐释	考量因素
标志设计	指品牌中可以被认出、易于记忆但不能用言语称谓的部分，它的外在表现为各种图案造型与色彩组合，以展示品牌的独特形象和企业文化	符合品牌价值内涵，体现地域特征，注重实用性和规范性
标准字体设计	指经过设计的专用以表现品牌字体，常与标志联系在一起，具有明确的说明性，可直接将品牌传达给观众	符合用户阅读习惯，字体易读易识别，结合品牌受众对象选择字体
标准色彩设计	指为了形成独特的品牌形象而决定的特定颜色或颜色系统集	红色品牌建设以红色精神为核心基础，色彩选择以红色为主

（四）强化组织保障

品牌建设专业人才的综合水平是决定品牌建设整体工作水平的重要因素，企业需建立健全品牌管理组织体系，设置品牌建设组织机构，明确品牌建设工作责任部门和岗位职责，为品牌建设保驾护航。

三、成长期——重视电网企业红色品牌传播

成长期是指品牌已具有的认知度和美誉度，开始脱离产品或服务并逐步积累附加价值，品牌特征基本明朗，差异化特征形成，影响力逐渐加强。同时，竞争者逐步增多，类似品牌不断涌现，同类产品或服务竞争激烈，品牌要取得更大的市场份额难度会越来越大。

电网企业红色品牌建设成长期的管理目标是通过品牌传播

进一步扩大和加深公众对企业红色品牌的认知，提供品牌的知名度和美誉度，增强公众的品牌认同，最大化创造受众群体品牌经历的感知价值。

品牌传播即通过广告、公共关系、新闻报道、人际交往、产品或服务销售等传播手段，最优化地提高品牌在目标受众心目中的认知度、美誉度、和谐度。

品牌传播 4W 模式

4W 维度	具体解释
WHOM	回答"品牌传播的受众群体是谁"，融入利益相关方识别方法和理念，根据受众需求有针对性地开展品牌传播
WHAT	回答"品牌传播的主要内容是什么"，对品牌传播开展议题管理和选题策划
WHERE	回答"在什么地方开展品牌传播"，主要针对媒体资源和传播平台进行管理
HOW	回答"如何进行品牌传播"，主要从单向输送和双向互动两个维度进行传播形式的管理

（一）传播对象

传播对象，即品牌信息内容的接收者。品牌传播的最终目的是在受众心目中产生所需的品牌影响力，因此准确识别传播受众对象，并了解其需求及偏好，有的放矢地制定传播策略显得尤为重要。

通过从品牌受众群体与产品服务的相关性与品牌受众群体产品服务感知对企业的影响力两个维度建立二维矩阵，运用矩阵分析识别出有直接相关性和重要影响力的品牌传播受众。

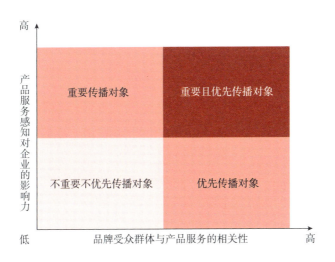

针对不同受众群体，可采用问卷调研、现场走访等形式，定期进行受众对象需求和偏好调查，准确把握受众需求与偏好的变化，动态调整品牌传播策略，确保品牌传播的精准和有效。

（二）传播内容

传播内容，即向目标受众发出的有关红色品牌的所有信息内容，大体上可以分为告知类和劝导类两类。

类型	具体解释	示例内容
告知类	指向公众介绍有关品牌的信息内容，告知类传播内容往往以动态消息、专题报道或报告手册等形式出现	如品牌名称、品牌标志、品牌内涵、品牌愿景、品牌价值观、产品和服务等
劝导类	指号召公众响应、参与的内容，劝导类传播内容往往以评论、倡议书、品牌活动等形式出现	如品牌精神宣讲、品牌发布活动、品牌巡展、品牌相关公益活动等

（三）传播平台

传播平台即传播的媒介，分为线上平台和线下平台。

线上平台	线上平台包括企业自有媒介和外部媒介。企业自有媒介主要包括公司网站、手机报、微信服务号、微信订阅号、官方微博等；外部媒介主要包括传统媒体（如影视、报刊等媒体）、新媒体（如网络）以及公关媒介等
线下平台	线下平台包括人际沟通（企业员工宣传）、发布会、论坛会议、品牌展演、路演等各类品牌活动

（四）传播形式

传播形式即传播的载体，主要包括单向输出式传播和双向互动式传播。

传播形式	单向输出式	双向互动式
传播对象	社会公众	特定受众群体
传播内容	告知类内容	告知类内容+劝导类内容，品牌价值输出
传播平台	多以线上平台为主	多以线下平台和可沟通互动的线上平台为主
传播优势	品牌传播覆盖范围更广，传播内容更聚焦	在信息上具有互动性和客观性，情感上更具社会性和真诚性，更重视受众群体品牌体验

1. 单向输出式

单向输出式传播即"我讲你听"，如报道、广告、海报、纪录片、影视、文艺作品等，突出单向自我表达，受众反应不明确。以国家电网有限公司为例，最为常见的单向输出式品牌传播为品牌新闻和品牌故事。

（1）品牌新闻传播：针对报纸、电视等传统媒介，采用较为严肃翔实的品牌新闻形式；针对年轻用户居多的新媒体媒介，可考虑搭配视频、音乐等更为幽默、轻松的手段。

（2）品牌故事传播：以受众情感诉求为创作起点，强化品牌核心价值的主题表达，塑造独特人格魅力的品牌角色，加强品牌故事创作。以利益相关方诉求为导向，深度了解相关方需求，确保利益相关方融入故事情景，依据品牌受众精准化投放品牌故事。

2. 双向互动式

双向互动式传播即"我们讨论"，如借助微信服务号开展的沟通、直播、研讨会、公关传播等。双向互动式传播能够获得受众的沟通与反馈，提供良好的品牌体验，靶向传播品牌文化、服务品质、品牌故事等，提升品牌感知质量，更好地传递红色品牌精神内涵。

（1）品牌体验载体：在发挥原有营业厅、智能用电 APP、电话客服、检修人员、企业客户、媒体等传统品牌体验载体作用的基础上，可以打造主题化品牌接触点，丰富创新载体，如品牌活动、体验式展厅等。

（2）品牌体验深度：将品牌元素植入具有影响力的地方政府及社会层面大型活动中，通过重大主题、重大工程、重要事件等特色品牌体验活动拓宽品牌体验覆盖面，推动品牌内涵的深化和品牌理念的深度传播。

四、成熟期——开展电网企业红色品牌维护

成熟期是指品牌各方面都得到了充分的发展，品牌所代表的产品或服务占有较高的市场份额，整体社会公众认可度和接受度高，品牌成为公众选择和信任的主导因素，公众在想到类似产品或服务时能很快联想到该品牌。

电网企业红色品牌成熟期的管理目标是通过采取品牌维护与完善策略，提高品牌忠诚度，创造品牌的高附加值，推行适当的品牌扩张，以提升品牌资产价值；做好品牌权益保护工作，防止品牌侵蚀；做好舆情危机管理，强化风险防控，防止负面问题对品牌的冲击；开展品牌发展研究，不断巩固和提升品牌地位。

（一）品牌资产价值

品牌资产是指企业通过开展相应的传播活动，向目标群体提供以品质优异的产品或服务为基础，以目标群体对品牌产品或服务的主观感受为核心，能够满足目标群体的生理需求和心理需求，并且能够为品牌产品带来附加价值的品牌的有形资产与无形资产的总和。它包括品牌认知度、品牌知名度、品牌忠诚度、品牌联想、其他资产五个方面。

品牌资产维度	维度说明	维护方向
品牌认知度	是指目标群体在对品牌产品或服务的相关信息进行比较全面深入的分析后，或在实际体验后，对品牌产品或服务的品质等所形成的整体印象和判断	品牌认知度具有更多的理性色彩，因此借助产品或服务的升级，提升目标群体的品牌体验，并通过互动式的品牌传播扩大影响
品牌知名度	是指公众对一个品牌的知晓程度。品牌知名度可分为无知名度、提示知名度、第一未提示知名度和第一提示知名度四个阶段，用品牌再识率和品牌回忆率来衡量	呼应品牌传播 4W 模式，通过高质量的品牌传播，在目标群体中形成品牌知名度
品牌忠诚度	是指目标群体对品牌的信任和黏性。品牌忠诚度分为无品牌忠诚者、习惯购买者、满意购买者、情感购买者、忠诚购买者五级	深入了解目标群体的行为偏好和价值取向，进行情感输出和价值输出，获得目标群体的情感认同和价值认同
品牌联想	是指目标群体看到品牌时，从记忆中所能引发的对品牌的想法，包括感觉、经验、评价、品牌定位等，组合形成品牌形象	用讲述品牌故事的形式进行传播，用新闻发言人的形式创新新闻发布，建立品牌感动
其他资产	如产品的专利、专有技术、商标等	进行权益保护

（二）品牌权益维护

品牌权益维护包括对品牌的商标、专利、商业秘密、域名等资产进行维护。品牌权益的维护，可以保持品牌竞争力和品牌活力，抵御品牌侵蚀和无形资产的流失。品牌权益维护主要从自我维护、法律维护、经营维护三个方面开展。

品牌权益维护方面	具体解释	示例内容
自我维护	指企业自身不断完善和优化产品或服务	包括产品质量战略、技术创新战略、防伪打假战略与品牌秘密保护战略等
法律维护	指通过商标的注册和驰名商标的申请来对品牌进行保护	包括进行品牌商标注册、知识产权保护申请等，通过《中华人民共和国商标法》《中华人民共和国专利法》《中华人民共和国反不正当竞争法》等法律手段加强品牌的权益维护
经营维护	指企业在具体的营销活动中所采取的一系列维护品牌形象、保护品牌市场地位的行动	包括顺应市场变化，迎合消费者需求；保护产品质量，维护品牌形象，以及品牌的再定位等

（三）舆情危机管理

品牌舆情是指在一定社会空间内，围绕某品牌社会事件的发生、发展和变化，媒体、社会公众、品牌受众群体等对企业品牌所表达的信念、态度、意见和情绪的总和。通过舆情监测手段收集舆情信息，可以及时了解企业存在的发展问题和大众对企业形象的认知变化，进而采取针对性的管理措施，不断强化企业品牌形象建设。企业建立和健全品牌舆情管理机制，可以发挥自身对社会舆论导向的积极引导作用，为企业营造更加和谐稳定的外部发展氛围。

步骤	具体内容
第一步：构建健全的组织领导机制，形成"大舆情"管理组织网络	➢ 提高企业领导层对品牌形象舆情管理工作的重视，统筹安排舆情资源整合、舆情管理人员配备、舆情管理机构建设及舆情管理设备设施投入等 ➢ 成立符合企业自身发展及品牌形象的舆情管理领导小组，由企业领导担任小组组长，主抓企业品牌形象舆情管理工作，结合自身实际情况与品牌形象特点，与时俱进地制定出台创新性和有效的舆情管理实施意见
第二步：构建舆情信息监测报送机制，形成品牌形象舆情风险预测体系	企业品牌形象舆情管理，主要包括外部舆情管理与内部舆情管理： ➢ 外部舆情主要来源于主流媒体和网络媒体的舆情信息，积极运用大数据、云计算、移动互联网等信息技术进行日常舆情监测，在各大网站、论坛、博客等社交平台，主动抓取关于企业品牌形象的关键词和热点词，来作为舆情管理工作开展的重要依据，保证企业及时掌握自身品牌形象的舆情信息走向 ➢ 内部舆情来源于企业内部职工群众
第三步：构建舆情分析、处置机制，提高品牌形象舆情处置及时性	➢ 加强企业舆情监测统一指挥、系统化运作力度，成立专门的企业品牌形象舆论舆情引导团队，对收集、整合、汇总上来的舆情信息进行分析、研判、分层、分级处理，并根据分析出来的舆情信息制定相应解决方案，以供上级部门与相关管理人员参考采用 ➢ 按照品牌形象舆情信息的性质、严重程度、可控性、影响力及价值性等多方因素，对品牌舆情信息进行评估分级，并根据不同舆情信息的风险等级制定差异化舆情应对方案 ➢ 根据舆情发生具体环境及具体内容，通过对企业品牌形象舆情的分析与处置，对舆情信息分别实施针对式疏导与引导式宣传，有效疏导与针对性引导公众情绪，控制舆情信息源头影响力，加大侧面舆情引导与处置力度
第四步：构建舆情管理人员激励和发展机制	➢ 将奖金、绩效、薪资待遇、福利、升职加薪、评职评优等设置为激励机制，将晋升人才到更高舆情工作机构任职等作为发展机制，从而有效加强舆情管理人员参与培训的动力与新鲜感

（四）品牌发展研究

1. 品牌建设绩效评估

为有效评估电网企业红色品牌建设的成效，建立了包括品牌组织管理、品牌资产管理、品牌传播管理、品牌评估管理、品牌认知和品牌体验为核心指标的电网企业红色品牌建设评估指标体系。

评估维度	绩效指标	具体指标内容
企业内部	品牌组织管理	品牌管理工作内部组织架构
		红色品牌管理组织机构
		品牌发展规划编制发布情况
		品牌工作团队建设、人才培养体系
		品牌工作资金管理机制
	品牌资产管理	品牌架构建设情况
		品牌资产目录
		红色品牌类型是否清晰、定位是否明确
		红色品牌与企业战略关联度
		红色品牌视觉识别系统构建情况，包括品牌名称、品牌标识、品牌口号、品牌代言人等
		红色品牌视觉识别系统使用规范制度建立情况
		是否建立了红色品牌商标注册、风险管理、舆情监测、危机管理等保护机制
	品牌传播管理	是否制定了品牌传播制度体系或实施细则建立
		品牌传播渠道
		品牌传播形式
		品牌传播效果评估
	品牌评估管理	是否制定了品牌建设绩效评估体系或标准
		品牌建设绩效评估
		是否根据评估结果动态改进品牌建设工作

续表

评估维度	绩效指标	具体指标内容
外部受众	品牌认知	红色精神与品牌内涵契合度
		红色品牌知名度
		红色品牌忠诚度
		红色品牌联想度
	品牌体验	外部受众对红色品牌的态度
		红色品牌活动外部受众参与度

2. 红色品牌发展研判

品牌建设是一项长期复杂的工程，由于品牌受众群体的文化、生活方式、需求和偏好变化、行业形势变化、市场环境的变化以及品牌竞争等因素，可能导致品牌发生衰弱、老化现象，企业需重视品牌未来发展研判及规划工作，采取创新的品牌塑造手段，进行品牌再定位，赋予品牌新的生命力，让品牌抵御环境变化等因素带来的品牌衰弱，保持品牌的健康可持续。国家电网有限公司为促进公司新闻宣传与品牌建设理论的成果转化与实践创新，助力"国家电网"品牌塑造，成立品牌实验室，利用实验室课题研究成果将有助于研判品牌发展趋势。

实践篇

一、红船品牌的品牌内涵

国网嘉兴供电公司深入研究"红船精神"的"首创精神、奋斗精神、奉献精神",全面剖析供电公司的各类属性,确立了以"红船精神 电力传承"为口号的"红船品牌",旨在面向广大客户及公众,在新时代发展需求下,不断建立和提供优质的电力服务。

(一) 研究红船精神的本质内涵

国网嘉兴供电公司在红色品牌打造上,立足嘉兴地域的红色基因,抓住嘉兴作为中国共产党的成立点、"红船精神"的发源地这一大特色,确立以"红船精神"为内核建立红色品牌的思路。

嘉兴红船精神研究	
1921 年,中国共产党第一次全国代表大会在浙江嘉兴南湖的一条游船(以下简称"红船")上胜利闭幕,庄严宣告中国共产党的诞生	
历史背景	新民主主义革命时期
涉及领域	政治领域
承载主体	地域:嘉兴南湖红船 会议:中共一大 事件:中共一大召开,中国共产党成立
内涵诠释	2005 年 6 月,习近平同志指出,"开天辟地、敢为人先的首创精神,坚定理想、百折不挠的奋斗精神,立党为公、忠诚为民的奉献精神,是中国革命精神之源,也是'红船精神'的深刻内涵"

　　由此可见,"红船精神"从产生、发展到全面凝练经历了多个历史时期,其红色内涵、政治属性也越发鲜明。因此,国网嘉兴供电公司在红色品牌打造中充分立足嘉兴的地域特色,以及"红船精神"的影响力和延续性,确立了以传承"红船精神"为主线建立红色品牌的中心思想,由此打造了"红船"服务品牌。

(二) 提取红船精神的价值符号

　　红船精神被概括为三个方面:开天辟地、敢为人先的"首创"精神,坚定理想、百折不挠的"奋斗"精神,立党为公、忠诚为民的"奉献"精神。通过对精神内涵进行拆解,将其主要价值内涵分为以下三个方面进行价值解析:

价值符号	价值分析
"首创"精神	➤ 政治历史角度:中国革命的航船从这里扬帆起航,崇尚首创是中国共产党人的精神基因 ➤ 时代延展角度:首创精神是指强烈的进取精神和勇于开拓的思维意识。创新是中国特色社会主义事业兴旺发达的不竭动力,成为新时代最鲜明的特征
"奋斗"精神	➤ 政治历史角度:中国共产党的诞生,使中国革命从此有了坚定的理想信念和强大的精神支柱,崇尚奋斗是中国共产党人的精神特质 ➤ 时代延展角度:艰苦奋斗是我们党的优良传统,是党从胜利走向辉煌的不竭动力,是党团结和带领全国各族人民实现中华民族伟大复兴的强大精神力量
"奉献"精神	➤ 政治历史角度:中国共产党从诞生的那天起,是以全心全意为人民谋福利为根本宗旨,崇尚奉献是中国共产党人的精神 ➤ 时代延展角度:奉献精神体现了中国共产党的基本立场、政治本色和根本宗旨,是坚定践行立党为公、忠诚为民的强大精神力量

　　国网嘉兴供电公司"红船"服务品牌在建立过程中,通过

对"首创""奋斗""奉献"三个方面的重点诠释，以此实现公司红色品牌既围绕"红船精神"展开，牢牢把握住精神内核，又切中重点，诠释"红船精神"内涵，建立红色基因突出、地域特色显著的电网企业红色品牌。

（三）分析嘉兴公司的价值特征

在对外部红色精神及其文化进行充分研究分析的基础上，为了将精神文化特色更好地与电网企业及嘉兴公司自身实际紧密结合，国网嘉兴供电公司从不同维度对公司的价值输出依据和客观属性进行了分析。

1. 行业属性分析

行业特征	价值要求
政治性	电力行业发展关乎民生，受国家政策影响明显，因此，在电网发展上，要注重落实国家重大战略，履行好政治责任，在理念信仰上，要坚持党的全面领导，在发展中传承红色精神
公益性	供电公司保障千家万户安全可靠供电的主体，要充分落实电力优惠政策，因此，作为电网企业，要充分彰显奉献精神
风险性	电力安全不论是对电网企业员工还是对社会公众，都是极大的风险挑战，因此，在推动电网发展中，要时刻注重保护人民生命财产安全
工程性	电网工程建设规模大、周期长，因此，供电公司要充分发挥奋斗精神，实现将可靠的电送到千家万户

2. 企业属性分析

企业属性	价值要求
公用事业企业	作为公用事业企业，供电公司掌握着更多的资源优势，因此嘉兴公司要充分发挥公用事业属性，服务于民生和社会

续表

企业属性	价值要求
国有企业	国有企业要充分履行政治、经济、社会三大责任，嘉兴公司要在践行浙江省"八八战略"、推动浙江省建设共同富裕示范区中发挥支撑作用
能源企业	作为保障能源安全的主体，嘉兴公司要在确保人获得负担得起的现代能源中作出巨大努力

3. 企业战略分析

战略内容	价值要求
中国特色	"中国特色"要求嘉兴公司在电网发展中，理念上要融合中国特色思想文化，在实践上，要结合中国特色经验实际，从而建设中国特色电网发展模式
国际领先	"国际领先"需要嘉兴公司发挥创新精神、奋斗精神，实现电网发展全方位领先
能源互联网企业	构建"能源互联网"则更需要嘉兴公司以创新驱动发展能力提升，为能源互联网建设贡献智慧

4. 企业文化分析

文化内涵	价值要求
企业宗旨：人民电业为人民	要坚持以人民为中心，让电力充分惠及广大公众
公司使命：为美好生活充电　为美丽中国赋能	要坚持为客户创造最大价值，为经济和人民生活发展创造综合价值
企业精神：努力超越　追求卓越	始终保持昂扬向上的积极状态和精神，坚定理想信念、瞄准目标、持续奋进

（四）确定红船品牌的内涵定位

为了确定红船品牌的内涵和定位，在品牌建立初期，国网嘉兴供电公司针对辖区开展了针对性的调研分析，并结合调研结果确定了以下品牌内容：

品牌定位工作	品牌定位内容
确定目标群体	➤ 初期：面对服务目标群体为南湖区城区6个街道及七星集镇10千伏及以下企业和居民 ➤ 中期：面对嘉兴市全部用户 ➤ 远期：拓展至浙江省内各界
目标群体需求	➤ 初期：解决政府无力解决、百姓急需解决、不在供电公司职责范围内的涉电故障抢修问题，及时抢修电力故障，快速恢复供电 ➤ 中期：在保障电力可靠供应基础上，为各类困难家庭提供有效的志愿服务，保障电力惠及每个人 ➤ 远期：提供全方位主动化的电力服务，保障电力能源可靠、可信赖

在对"红船精神"和供电公司分析基础上，国网嘉兴供电公司从以下几个方面来确定公司红色品牌内涵：

考量维度	具体内容
品牌主体	坚持以供电服务为中心。结合供电公司最显著的特征和影响更广的业务，确立以建立供电服务为中心的红色品牌
输出对象	面向客户及广大公众。建立以服务为中心的品牌，旨在建立供电公司与客户及公众之间共同的价值纽带，赢得其对供电公司的价值认同
价值导向	建立责任电网企业形象。在共同价值基础上，让公众体会更加立体和实际的企业形象，感受供电服务，从而为电网发展营造好的外部环境

在以上考量基础上，国网嘉兴供电公司确立了公司红色品牌，并形成其独具特色的品牌内涵：

品牌名称	"红船品牌"（也称："红船"服务品牌）
品牌口号	红船精神　电力传承
品牌内涵	"红船服务"品牌以"红船精神"为引领，践行"四个服务"宗旨和"诚信、责任、创新、奉献"的核心价值观，提供优质电力服务，为政府、客户、公众等利益相关方创造综合价值

二、红船品牌的品牌管理

国网嘉兴供电公司以"红船精神"为内核，从建立一支"红船共产党员服务队"，到形成"12345"红船服务品牌战略体系，将红色基因融入电网服务品牌建设，在实践中传承红色精神，在红色精神指引下，全面建立红船品牌管理体系，推动红船品牌纵深发展。

（一）制定"12345"红船品牌战略

红船品牌的确立和发展是国网嘉兴供电公司在不同时期和背景形势下，不断实践和优化提升的成果。红船品牌从初创到成熟壮大大致经历了以下几个周期，在不同周期，确立了不同品牌运作工作。

品牌发展周期	品牌运作实践
试点	2007年10月，国网嘉兴供电公司南湖供电所率先成立了"红船服务队"，该队由10人组成，其中党员3人、团员2人，以线路工区抢修班为基础、以抢修城区10千伏及以下企业居民外部用电设施为主要任务
初创	2009年，国网嘉兴供电公司统一下属单位七支"电力服务队"，整体确立和打造"红船品牌"，成立了由党委书记挂帅的品牌建设领导小组，统一品牌形象，印发了《红船服务品牌形象推广应用手册》，由此规范服务品牌管理，加强品牌传播，提升品牌效应
成长	2010年，国网嘉兴供电公司在红船品牌管理制度、提升品牌资产价值、维护品牌权益方面发力，对品牌建设的内外部保障进行全面巩固，为品牌长期发展提供有力的保障机制
提升	2012年，国网嘉兴供电公司被国家电网公司确立为全面社会责任管理试点，对此，公司将"红船服务队"品牌建设与全面社会责任管理试点建设相结合，在品牌建设中融入利益相关方参与合作等社会责任理念及方法，优化改进品牌建设工作
扩张	2018年，国网浙江省电力有限公司举行"红船精神、电力传承"——国家电网浙江电力红船共产党员服务队授旗暨"人民电业为人民"专项行动启动仪式，正式形成了"省、市、县"三级管理的国网浙江电力红船共产党员服务队，下设总队1支、支队27支、分队67支，拥有固定班组、供电站所组建的实体化服务队363支，红船品牌走向浙江全省

从最初的"红船共产党员服务队"到"红船品牌"的壮大，在十余年的发展中，红船品牌逐渐建立和完善了红船品牌战略，明确品牌建设实施方案，为品牌建设、品牌活动等确立了清晰的内容，进一步丰富和壮大红船品牌。从试点初创到成长提升，国网嘉兴供电公司也结合不同阶段需求，对红船品牌战略进行了优化升级，不同时期的品牌战略也体现了红船品牌在与时俱进中汲取精华，持续丰富品牌内涵，确保品牌发展方向符合当下及未来企业及社会发展方向。

"12345" 红船品牌战略（1.0）	
1 个品牌	红船服务品牌
2 点联动	与社区服务热线 "96345" 联动 与农村 "光明驿站" 联动
3 大体系	构建抢修服务体系 构建营销服务体系 构建志愿者服务体系
4 项活动	走进农村，着力打造农村 "光明驿站" 走进企业，建设 "红船服务·园区驿站" 走进社区，建设 "红船服务·社区驿站" 走进爱心领域，构建 "红船服务·爱心驿站"
5 个统一	组织机构统一 标识、旗号统一 服务范围统一 服装、服饰统一 服务语言、行动口号统一

"12345" 红船品牌战略（2.0）	
1 个品牌	红船服务品牌
2 大原则	坚持为民服务原则 坚持党建引领原则
3 条路径	拓宽创新之路，成为红船精神先行者 拓宽奋斗之路，成为红船精神实践者 拓宽奉献之路，成为红船精神守护者
4 个走进	走进农村，建设 "光明驿站" 走进社区，建设 "社区驿站" 走进政府，建设 "园区驿站" 走进爱心领域，建设 "爱心驿站"
5 个平台	搭建红船精神的传承平台 搭建企业党建的展示平台 搭建红船铁军的锻造平台 搭建美好需求的研究平台 搭建综合能源的服务平台

（二）构建红船品牌文化

在塑造红船品牌文化上，国网嘉兴供电公司坚持以下几点：

一要有正确的价值观和服务理念；

二要有反应敏捷高效协调的服务机制和简洁顺畅的服务流程；

三要有叫得响、含金量高的服务品牌；

四要有一些特色服务举措、服务承诺；

五要有较好的文化氛围，举办相应的企业文化活动和社会公益活动。

国网嘉兴供电公司结合"红船精神"和国家电网价值追求，确立了红船品牌价值体系，以此为目标建设形成红船品牌文化。

红船品牌价值体系	
口号	红船精神　电力传承
宗旨	人民电业为人民
使命	为美好生活充电，为美丽中国赋能
定位	国民经济保障者、能源革命践行者、美好生活服务者
精神	努力超越、追求卓越

（三）设计红船品牌视觉识别符号

红船品牌成立之初就设计了专门的标识，标识设计融合了

"红船精神"特征和电力服务内涵，并在核心标识基础上，建立了整套红船品牌VIS。

红船服务

"红船"服务品牌VIS标识

品牌标识阐释：

颜色：以红色为主，简单醒目，突出"红色"精神，展示出服务的热忱及品牌影响力，极具视觉冲击力。

形状：大红色的线条抽象成一个船的形态，简单的船形态，荡漾的水波侧影，简洁生动，紧扣"红船"主题；画笔般的笔触勾勒，富有水墨画的效果，极具中国特色。

内涵：图案形似奖杯，喻示着服务队的高起点、高要求、高品质，体现极高的社会形象；图案又似灯芯，体现了电力局的行业服务特征；图案更似往前冲的人物形态，象征着服务队电力抢修时的高效，以及品牌推广的迅速和广阔的发展前景。

在确定红船品牌统一的品牌标识后，国网嘉兴供电公司在员工工作服、电力服务队服务衣物、旗帜等物品上都印上标识，加强VIS标识应用，深化品牌印象。

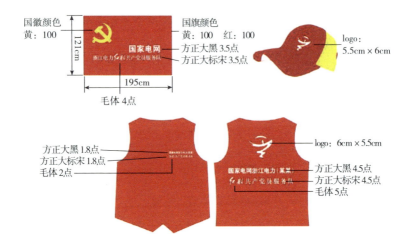

国徽颜色
黄：100

国旗颜色
黄：100 红：100
方正大黑 3.5点
方正大标宋 3.5点

121cm

国家电网
浙江电力红和共产党员服务队

195cm

毛体 4点

logo：
5.5cm × 6cm

方正大黑 1.8点
方正大标宋 1.8点
毛体 2点

logo：6cm × 5.5cm

国家电网浙江电力（某某）
红和共产党员服务队

方正大黑 4.5点
方正大标宋 4.5点
毛体 5点

在电力服务队衣物上的体现

胸章

蓝色服装

红色服装

机绣或丝网印刷

在工作服中的体现

（四）形成红船品牌建设组织保障

品牌建设离不开组织体系的保障支撑。南湖供电分局在2007年的《"电力·红船"服务品牌建设方案》中明确成立了由主要领导参加的"电力·红船"服务品牌建设领导小组，下设办公室，负责具体工作的实施，明确各部门的职责。

组织保障1.0	
组织架构	组长：局长 副组长：营销副局长、生产副局长 办公室成员：办公室主任、政工科科长、营销科长、生技科长、客户服务中心主任、线路工区主任
部门	职责
办公室	➢ 负责"电力·红船"服务品牌建设的整体方案设计与推进 ➢ 人员配备、装备专用标识、着装、装备策划和制作 ➢ 建设服务文化体系 ➢ 汇总培训需求，定期组织相关培训，提高人员素质 ➢ 定期进行考核"电力·红船"服务品牌工作推进情况
营销科	➢ 负责"电力·红船"服务品牌在营销服务中的推广建设 ➢ 策划"电力·红船"进社区工作
政工科	➢ 负责"电力·红船"服务品牌的相关宣传工作，参与服务文化体系的创建 ➢ 组织实施内部信息交流，组织相关讨论，举办有关活动
客户服务中心	➢ 负责组织制定"电力·红船"服务品牌在营业厅的延伸工作，大力开展"电力—社区"共建活动
线路工区	➢ 负责加强提高"红船共产党员服务队"的规范建设 ➢ 开展"红船共产党员服务队"的日常工作，并在提高缩短抢修流程时间的管理措施上有所创新
农电工区	➢ 负责做好"电力·红船"服务品牌向农村的延伸
生技科	➢ 加强电网规划与建设，采取措施提高电能质量

随着红船共产党员服务队品牌的不断打响，服务队从最初仅有 10 名队员的队伍，发展成为拥有实体化服务队 434 支、队员 9528 名，其中共产党员 7276 名的一支先锋团队。为保障红船品牌能够规范化、体系化、持续化运作，国网浙江省电力有限公司下发的《中共国网浙江省电力有限公司委员会关于推进国家电网浙江电力红船共产党员服务队建设的实施意见》，分层级建立组织架构，由党委书记为领导人，建立红船品牌管理架构，明确各级人员职责，为品牌持续运营提供组织化保障。

组织架构 2.0

国网浙江省电力有限公司成立总队：

　　总队长：公司党委书记

　　副总队长：公司党委副书记、运检和营销分管领导等

　　队员：公司相关部门负责人、下属支队队长

　　职责：负责公司"红船共产党员服务队"建设的组织领导，制定实施意见、管理手册以及发展规划、计划，组织开展专项行动、劳动竞赛以及考核评价等相关工作

地市公司、公司直属单位成立支队：

　　支队长：各单位党组织书记

　　副支队长：各单位相关领导

　　队员：各单位相关部门负责人、下属分队队长、服务队队长

　　职责：负责贯彻落实公司"红船共产党员服务队"总队工作部署，落实公司红船共产党员服务队建设实施意见、管理手册以及发展规划、计划，落实专项行动、劳动竞赛以及考核评价等工作，制定各单位实施方案。直接管理依托固定建制的基层班组、供电站所组建的红船共产党员服务队

县公司成立分队：

　　分队长：县公司党委书记

　　副分队长：县公司党委副书记、运检和营销分管领导等

　　队员：各单位相关部门负责人、下属服务队队长

　　职责：负责对依托固定建制的基层班组、供电站所组建的"红船共产党员服务队"进行直接管理，贯彻落实总队、支队工作部署，加强本单位红船共产党员服务队建设

三、红船品牌的品牌传播

国网嘉兴供电公司在准确识别品牌受众的基础上，构建精准化的品牌传播体系，集中传播企业价值理念、发展战略、业务工作、履责实践等内容，让受众群体接收到更多红船品牌信息，增强红船品牌的认知度、知名度、支持度、号召力和引导力。

（一）红船品牌传播对象管理

红船服务品牌通过对潜在受众进行需求和偏好调查，开展重要性评级分析，在品牌发展不同阶段准确识别传播受众对象，为精准有效进行品牌传播奠定坚实基础。

品牌发展阶段	品牌覆盖范围	品牌传播对象
萌芽期	南湖供电所辖区	成立伊始，传播对象基本与服务对象一致，为南湖区城区 6 个街道及七星集镇 10 千伏及以下企业、居民，之后逐步拓展到农村乡镇客户
孕育期	国网嘉兴供电公司辖区	嘉兴市全部用户
成长期	国网浙江省电力有限公司辖区	浙江省内全部用户
成熟期	全国电力行业	全国人民

（二）红船品牌传播内容管理

从红船品牌受众群体角度出发，国网嘉兴供电公司围绕红船品牌核心服务内容进行价值传播，拉近与受众的距离，加深受众的品牌认知，增强受众的品牌认同。

类型	红船品牌重要传播内容
告知类	统一"红船服务队"行动口号、行为规范标准、VIS标识等内容，以专用的标识、统一的车辆、着装、装备进行品牌包装，有效传播品牌形象 围绕红船服务队中涌现出来的典型人物、先进服务事迹做好新闻价值挖掘和宣传整合，在《人民日报》《中国青年报》《国家电网报》《中国电力报》等多个平台刊发
劝导类	围绕红船品牌，联合慈善总会等利益相关方，实施"千户万灯""电力红船·爱心基金""电力红船医疗救助""电力红船博爱超市"等各类项目，扩大红船品牌影响力

"护航红船，点亮万家"主题宣传

嘉兴恒创电力集团2021年开展"护航红船，点亮万家"主题宣传，以建党百年为契机，以红船旁的护电人为使命开展新闻策划，聚焦"红船精神"的忠实守护者、坚定传承者、时代担当者、自觉践行者和全力弘扬者五个方面，深入挖掘员工自身多年来的工作、创新、实效和奉献，力求翔实记录和展现嘉兴恒创集团上下多年来继承发扬红色基因的拳拳之心和实际行动，激励全体员工"提高站位，以政治建设引领红色征程；提高素养，以党建生态筑牢红色堡垒；提高效率，以提质增效升华红色阵地；提高能力，以为民服务彰显红色情怀；提高品位，以培根铸魂打造红色文化"，从而塑造"护航红船，点亮万家"红色品牌，助力构建以"红"为底色、以"高"为特征的产业党建高地。

（三）红船品牌传播平台管理

国网嘉兴供电公司加强与受众群体的沟通交流，及时了解受众群体对红船品牌影响的反馈及需求，在加强线上传统媒体平台宣传的基础上，创新互动式线下传播平台，不断扩大红船品牌影响力。

平台类型	红船品牌传播平台
线上平台	➢ 系统内容平台，如国网嘉兴供电公司微信公众号、国网浙江省电力有限公司官网新闻、微信公众号、《国家电网报》、《中国电力报》、电网头条等 ➢ 主流媒体平台，如《人民日报》、《中国青年报》、新华社、《浙江日报》、浙江卫视、浙江人民广播电台、《嘉兴日报》等
线下平台	➢ 以红船品牌"服务驿站"建设为核心，打造针对农村服务的"红船服务·光明驿站"，针对企业服务的"红船服务·园区驿站"，针对社区服务的"红船服务·社区驿站"，针对公益服务的"红船服务·爱心驿站" ➢ 红船服务展厅 ➢ 各类红船品牌主题活动、年度专项活动等 ➢ 国家电网浙江电力红船共产党员服务队示范基地

5·10 中国品牌日系列报道——国网浙江电力"红船服务"铸就央企红色"亮丽名片"

国网浙江省电力有限公司（以下简称"国网浙江电力"）以塑造全球一流国家电网品牌、服务地方经济社会发展为目标，以国家电网战略转型为引领，以品牌价值领先为导向，持续推进红船服务品牌建设，优化红船服务品牌发展路径，深耕红船服务品牌文化内涵，激发红船服务品牌运作效益，推动红船服务品牌资产保值增值，持续提升国家电网品牌知名度和美誉度。2022 年 5 月，中国共产党中央委员会宣传部授予国网浙江电力员工钱海军"时代楷模"称号。以钱海军为队长的红船共产党员服务队，已经变成了一个会聚 1200 人的队伍。这支队伍在防汛抗台、疫情防控中冲锋在前，架起了党联系群众的连心桥。

（四）红船品牌传播形式管理

国网嘉兴供电公司在红船品牌建设过程中，恰当应用不同的传播形式，一方面，通过宣传报道加大社会公众对红船品牌的认知。另一方面，红船品牌坚持项目化运作，不仅打造 N 个品牌建设载体——红船品牌服务驿站，而且打造针对农村服务的"红船服务·光明驿站"，针对企业服务的"红船服务·园区驿站"，针对社区服务的"红船服务·社区驿站"，针对公益服务的"红船服务·爱心驿站"，探索"电力红船·爱心基金""红船·光明学堂""红船·光明书舟"等新载体、新项目。借助"服务驿站"、联谊会、展厅等全方位的红船品牌建设载体，实现双向互动式、立体式的品牌传播，加深受众群体的红船品牌体验，获得受众群体对红船品牌的情感认同、价值认同。

传播形式	红船品牌传播内容示例
单向输出式	➢ "红船共产党员服务队"在车辆、服装、工器具等各方面统一使用有特殊含义的"红船"徽标，形成流动宣传 ➢ 借助浙江电视台、《浙江日报》等省级媒体及嘉兴地方媒体发布相关新闻报道 ➢ 编制发放《"红船共产党员服务队"品牌宣传手册》，扩大品牌传播广度，加深大家对"红船共产党员服务队"品牌的认知 ➢ 制作《红船精神　勇于攀登》《行得春风有夏雨》等宣传片，弘扬"红船共产党员服务队"优秀事迹

续表

传播形式	红船品牌传播内容示例
双向互动式	➤ 创新建设园区驿站、社区驿站、爱心驿站、光明驿站等服务共建平台，提供互动式传播平台 ➤ 建设红船服务展示厅 ➤ 实施多样化的红船品牌项目，如"电力红船爱心基金""红色义工之家"等

四、红船品牌的品牌维护

为了巩固提升红船品牌地位，国网嘉兴供电公司以品牌维护为目标持续完善品牌建设策略，提升红船品牌资产价值，加强红船品牌权益维护，做好红船品牌舆情管理和品牌发展研究，促进红船品牌的可持续发展。

（一）提升品牌资产价值

品牌资产管理贯穿品牌建设始终，包括红船品牌元素的选择、红船品牌战略制定、红船品牌传播等。品牌维护阶段的红船品牌资产管理，主要是从提升红船品牌忠诚度角度，加大对红船品牌文化和红船品牌精神的输出，形成目标群体的价值、情感、文化认同，提升目标群体的黏性，实现红船品牌资产的保值增值。

1. 提升品牌认知度

国网嘉兴供电公司以专用的标识、统一的车辆、着装、装备进行红船品牌包装，通过规范规矩的服务、周到细致的服务、热心耐心的服务，提升社会形象和品牌影响力。

统一规范名称	➤ 总队：国家电网浙江电力红船共产党员服务队 ➤ 支队、分队、服务队：国家电网浙江电力（地名或单位名）红船共产党员服务队
统一注册管理	➤ 依托固定建制的基层班组、供电站所组建的红船党员服务队实行注册管理制度，由公司系统各单位结合工作实际进行注册（登记）申报
统一服务标准	➤ 坚持以客户满意为标准，严格遵守《国家电网公司员工守则》，模范践行供电服务"十项承诺"、员工服务"十个不准"，以及国网浙江省电力有限公司制定的实施意见、管理手册和其他优质服务标准
统一服务方向	➤ 围绕浙江省争当能源发展引领者这一战略定位，履行政治责任和经济责任，服务坚强智能电网和特高压建设，服务浙江清洁能源示范省建设，做好重大活动、重要节假日以及各类急难险重任务的电力保障工作 ➤ 围绕满足人民美好生活需要这一主题，履行社会责任，践行服务宗旨，服务浙江"两个高水平"建设，服务"最多跑一次"等重大民生改革任务，做好各类抢险救灾、扶弱助困、奉献爱心等服务工作
统一标识应用	➤ 队旗统一使用印有"国家电网浙江电力红船共产党员服务队"名称的党旗 ➤ 队服、名片可使用各单位注册的红船党员服务队名称 ➤ 红船共产党员服务队专用车辆使用统一标识，不得使用规定以外的其他标识物
统一考核评价	➤ 定期对系统各单位红船共产党员服务队建设和管理情况进行督导检查，检查结果纳入年度党建工作综合考评 ➤ 建立落实重大事项报告机制 ➤ 定期开展公司系统红船共产党员服务队专项行动、立功竞赛等活动

2. 提升品牌知名度和忠诚度

为强化红船品牌传播，国网嘉兴供电公司汇编"红船服务队"故事集《红船精神　电力传承——国网嘉兴供电公司红色

IP 的品牌打造》，从品牌宣传角度按起航、成长、壮大三个阶段，完整梳理记录了"红船服务队"的发展壮大过程及典型服务的报道案例，组织拍摄《家的味道》《清洁能源之困》等微电影及宣传片 20 余部，以更简单易懂的方式推广"红船服务队"品牌，获取读者更多情感认同、价值认同。

国网浙江电力红船共产党员服务队先后获得"浙江慈善奖""全国工人先锋号""全国学雷锋活动示范点"等荣誉。红船品牌提炼报告《创新高品质电力服务体验，彰显具有中国特色品牌特质》获评国务院国资委"2020 年度 100 个国有企业品牌建设典型案例"。

3. 增强品牌联想

从最初的"红船服务·光明驿站""红船服务·园区驿站""红船服务·社区驿站""红船服务·爱心驿站"，到"电力红船·爱心基金"的"青鸟社区——关注自闭症儿童""电力红船·博爱超市""电力红船·博爱送万家"慰问项目，再到"电力红船医疗救助"等，国网嘉兴供电公司不断丰富红船品牌载体元素，增强公众的红船品牌联想。

（二）加强品牌权益维护

2010 年 5 月 7 日，国网嘉兴供电公司"红船服务队"商标获国家工商行政管理总局商标局核准注册。国网嘉兴供电公司对核定服务项目第 35 类至第 45 类进行系列注册，涵盖了建筑、装潢、采矿、各种器械安装和修理以及车辆、飞机、家具、电话、电梯等若干维修保养服务。商标的注册从法律上保障了红船品牌"红船服务队"开展各项服务工作的有效性，确保了"红船服务队"品牌 IP 的纯洁性，也为红船品牌的发展奠定了牢固基础。

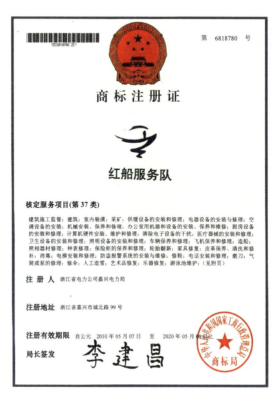

"红船服务队"商标

（三）做好舆情危机管理

国网嘉兴供电公司将"12345"舆情管理工作机制应用在红船品牌建设过程中，开展预警、监测、研判、应急处置等舆情危机管理工作。

"1"指一本手册，即应急管理操作手册，包括突发事件应急管理的组织架构、职责分工、操作程序、模拟推演等工作要求，以及应急预案和应急处置卡。

"2"指两张表单，即舆情预警通知单和舆情处置报告单。

"3"指三方协同，即上下协同、横向协同、内外协同。

"4"指四份报告，即舆情日报、舆情月报、舆情季报、舆情年报。

"5"指五项措施，即隐患排查、风险预警、全面监测、科学研判、协同处理。

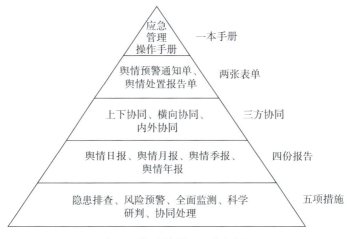

"12345"舆情管理工作机制

（四）开展品牌发展研究

红船品牌"红船服务队"从南湖供电所发展到嘉兴全市，再上升到浙江全省电力系统，开启了一个新的起点，国网浙江省电力有限公司将充分利用品牌实验室嘉兴（嘉善）基地资源，结合时代发展特点、公司发展战略等变化，在迈上全面建设社会主义现代化国家新征程、向第二个百年奋斗目标进军的关键时刻，融入新理念、新方法，不断探索红船品牌再优化路径方向，让红船品牌实现可持续发展。

工具篇

工具1　红色精神参照内容

以中国共产党人的精神谱系为准，梳理第一批纳入的伟大精神及其内涵。

红色精神参照内容

序号	精神	精神内涵
1	建党精神	坚持真理、坚守理想，践行初心、担当使命，不怕牺牲、英勇斗争，对党忠诚、不负人民
2	井冈山精神	坚定信念、艰苦奋斗、实事求是、敢闯新路、依靠群众、勇于胜利
3	苏区精神	坚定信念、求真务实、一心为民、清正廉洁、艰苦奋斗、争创一流、无私奉献
4	长征精神	把全国人民和中华民族的根本利益看得高于一切，坚定革命的理想和信念，坚信正义事业必然胜利的精神；为了救国救民，不怕任何艰难险阻，不惜付出一切牺牲的精神；坚持独立自主、实事求是，一切从实际出发的精神；顾全大局、严守纪律、紧密团结的精神；紧紧依靠人民群众，同人民群众生死相依、患难与共、艰苦奋斗的精神
5	遵义会议精神	坚定信念、实事求是、独立自主、敢闯新路、民主团结
6	延安精神	坚定正确的政治方向、解放思想实事求是的思想路线、全心全意为人民服务的根本宗旨、自力更生艰苦奋斗的创业精神
7	抗战精神	天下兴亡、匹夫有责的爱国情怀，视死如归、宁死不屈的民族气节，不畏强暴、血战到底的英雄气概，百折不挠、坚忍不拔的必胜信念
8	红岩精神	崇高思想境界、坚定理想信念，巨大人格力量、浩然革命正气
9	西柏坡精神	谦虚谨慎、艰苦奋斗的精神，敢于斗争、敢于胜利的精神，依靠群众、团结统一的精神

序号	精神	精神内涵
10	照金精神	不怕牺牲、顽强拼搏的英雄气概，独立自主、开拓进取的创新勇气，从实际出发、密切联系群众的工作作风
11	东北抗联精神	坚定的信仰信念，高尚的爱国情操，伟大的牺牲精神
12	南泥湾精神	自力更生、艰苦奋斗
13	太行精神（吕梁精神）	不怕牺牲、不畏艰险；百折不挠、艰苦奋斗；万众一心、敢于胜利；英勇奋斗、无私奉献
14	大别山精神	坚守信念、胸怀全局、团结奋进、勇当前锋
15	沂蒙精神	党群同心、军民情深、水乳交融、生死与共
16	老区精神	爱党信党、坚定不移的理想信念；舍生忘死、无私奉献的博大胸怀；不屈不挠、敢于胜利的英雄气概；自强不息、艰苦奋斗的顽强斗志；求真务实、开拓创新的科学态度；鱼水情深、生死相依的光荣传统
17	张思德精神	全心全意为人民服务
18	抗美援朝精神	祖国和人民利益高于一切、为了祖国和民族的尊严而奋不顾身的爱国主义精神；英勇顽强、舍生忘死的革命英雄主义精神；不畏艰难困苦、始终保持高昂士气的革命乐观主义精神；为完成祖国和人民赋予的使命、慷慨奉献自己一切的革命忠诚精神；为了人类和平与正义事业而奋斗的国际主义精神
19	"两弹一星"精神	热爱祖国、无私奉献，自力更生、艰苦奋斗，大力协同、勇于登攀
20	雷锋精神	热爱党、热爱祖国、热爱社会主义的崇高理念和坚定信念；服务人民、助人为乐的奉献精神；干一行爱一行、专一行精一行的敬业精神；锐意进取、自强不息的创新精神；艰苦奋斗、勤俭节约的创业精神
21	焦裕禄精神	亲民爱民、艰苦奋斗、科学求实、迎难而上、无私奉献
22	大庆精神（铁人精神）	爱国、创业、求实、奉献
23	红旗渠精神	自力更生、艰苦创业、团结协作、无私奉献
24	北大荒精神	艰苦奋斗、勇于开拓、顾全大局、无私奉献

续表

序号	精神	精神内涵
25	塞罕坝精神	牢记使命、艰苦创业、绿色发展
26	"两路"精神	一不怕苦、二不怕死，顽强拼搏、甘当路石，军民一家、民族团结
27	老西藏精神（孔繁森精神）	特别能吃苦、特别能战斗、特别能忍耐、特别能团结、特别能奉献
28	西迁精神	胸怀大局、无私奉献、弘扬传统、艰苦创业
29	王杰精神	一不怕苦、二不怕死
30	改革开放精神	解放思想、实事求是，敢闯敢试、勇于创新，互利合作、命运与共
31	特区精神	敢闯敢试、敢为人先、埋头苦干
32	抗洪精神	万众一心、众志成城，不怕困难、顽强拼搏，坚韧不拔、敢于胜利
33	抗击"非典"精神	万众一心、众志成城，团结互助、和衷共济、迎难而上、敢于胜利
34	抗震救灾精神	万众一心、众志成城，不畏艰险、百折不挠，以人为本、尊重科学
35	载人航天精神	特别能吃苦、特别能战斗，特别能攻关、特别能奉献
36	劳模精神（劳动精神、工匠精神）	爱岗敬业、争创一流，艰苦奋斗、勇于创新，淡泊名利、甘于奉献
37	青藏铁路精神	挑战极限，勇创一流
38	女排精神	祖国至上、团结协作、顽强拼搏、永不言败
39	脱贫攻坚精神	上下同心、尽锐出战、精准务实、开拓创新、攻坚克难、不负人民
40	抗疫精神	生命至上、举国同心、舍生忘死、尊重科学、命运与共
41	"三牛"精神	为民服务孺子牛、创新发展拓荒牛、艰苦奋斗老黄牛
42	科学家精神	胸怀祖国、服务人民的爱国精神，勇攀高峰、敢为人先的创新精神，追求真理、严谨治学的求实精神，淡泊名利、潜心研究的奉献精神，集智攻关、团结协作的协同精神，甘为人梯、奖掖后学的育人精神

续表

序号	精神	精神内涵
43	企业家精神	企业家要带领企业战胜当前的困难，走向更辉煌的未来，就要弘扬企业家精神，在爱国、创新、诚信、社会责任和国际视野等方面不断提升自己，努力成为新时代构建新发展格局、建设现代化经济体系、推动高质量发展的生力军
44	探月精神	追逐梦想、勇于探索、协同攻坚、合作共赢
45	新时代北斗精神	自主创新、开放融合、万众一心、追求卓越
46	丝路精神	和平合作、开放包容、互学互鉴、互利共赢

工具2　调查问卷的设计要求与参考模板

调查问卷的设计要求

1. 弄清调查目的

问卷调查主要是获取结构化、定量化的信息，便于掌握被调查者总体的状态分布、趋势、态度和倾向等。在设计问卷之前，要先明确调查目的是什么，调查要获取的主要信息是什么，再依据目的确定调查对象、问题假设和答案设置。

2. 明确调查对象

根据调查目的，确定问卷需要涉及的调查对象的范围，是公司内部还是外部。在问卷设计之前，最好能与个别调查对象进行沟通交流，了解调查对象的沟通习惯和对问题的基本态度。

3. 提出问题假设

在问卷设计之前，要根据本次调查的目的和调查对象提出问题假设。例如，要了解内部员工对企业品牌建设的态度情况，就需要提前假设不同层级的员工对企业品牌建设有不同的认知；要了解消费者对企业品牌传播的接受情况，就要提前假设不同年龄段、不同职业的人对企业品牌信息获取的渠道有不同的偏好。

4. 设置问题和选项

依据问题假设设计具体的问题和每个问题的答案选项。问题要服务于调查的目的，服务于企业品牌建设。问题要简单、明确，不能让填写者产生歧义。对答案的设置通常以选择题为主，个别信息为填空题。选择题中的答案设置要全面、中立、逻辑分明，避免重复、混淆和误导。

5. 其他格式要求

调查问卷之前要有一小段开篇说明，向被调查者讲明本次调查的目的和希望得到的配合等；开篇说明后要有一段填表说明，告诉填表人基本的填表要求和注意事项，每份问卷应设置相应的编号以便后期整理，对每个问题和选项也应设置相应的编号，以方便后期的录入和统计。

调查问卷参考模板

"红船"供电服务品牌认知度及诉求调查问卷

尊敬的用户：

您好！"红船精神　电力传承"是国网嘉兴供电公司全面社会责任管理履责口号，以"开天辟地、敢为人先的首创精神，坚定理想、百折不挠的奋斗精神，立党为公、忠诚为民的奉献精神"为深刻内涵的"红船精神"，是一笔宝贵的精神财富。国网嘉兴供电公司为进一步传承"红船精神",践行"四个服务"宗旨和"诚信、责任、创新、奉献"的核心价值观,经过多年实践,打造出具有行业特点、时代特征和地域特色的"红船服务队"供电服务品牌。为了更好地了解"红船"服务品牌在社会上的传播情况,了解外部相关方对公司的意见和要求,我们烦请您抽出宝贵时间帮我们填写这份问卷,提出您的宝贵意见和建议。非常感谢您的支持与帮助!

本问卷的信息仅供研究和统计分析使用,我们确保您提供的信息不会外泄。

1. 您属于以下哪类群体?(可多选)

□地方政府　　　　　　□企业客户

□居民客户　　　　　　□供应商

□其他＿＿＿＿＿＿＿

2. 您的年龄:

□20 岁以下　　　　　　□21~40 岁

□41~60 岁　　　　　　□61 岁及以上

3. 您的受教育程度:

□高中及以下　　　　　□大专

□本科　　　　　　　　□硕士及以上

4. 您常住的区域:

□嘉兴市区　　　　　　□桐乡市

□平湖市　　　　　　　□海宁市

□海盐县　　　　　　　□嘉善县

□其他地区

5. 您的职业:

□公务员　　　　　　　□企事业单位员工

□私营企业主　　　　　□个体工商户

□从事农林牧渔业的劳动者　□家庭主妇

□学生　　　　　　　　□失业人员

□离退休人员　　　　　□其他_____

6. 您是否了解"红船"供电服务品牌？

□非常了解　　　　　　□有一些了解

□听说过，但了解不多　□从未听说过

7. 您是通过哪些渠道了解"红船"供电服务品牌的？

□电视新闻报道　　　　□报刊

□供电公司宣传活动　　□红船服务队服务

□听别人讲述　　　　　□其他_____

8. 您对国网嘉兴供电公司打造的"红船"供电服务品牌的态度：

□为民服务，非常好

□做不做，与我无关

□担心做面子工程，有些抵触

9. 提到"红船"供电服务品牌，您会联想到什么？

工具3　访谈提纲的设计要求和参考模板

访谈提纲的设计要求

1. 访谈目的

访谈的目的主要是了解被调查者对企业品牌建设所涉及问题的看法、态度和意见，为企业品牌策划和塑造奠定基础。访谈相比问卷调查，可以挖掘更加深入更加生动的信息。

2. 访谈对象的选择

鉴于访谈的目的，访谈对象选择应满足以下原则：

（1）利益相关方法则：访谈对象必须是对品牌塑造有着核心利益关系的人。主要包括两类：一类是受到品牌建设直接影响的个人或团体，另一类是可以给品牌建设提供支持和协助的个人或团体。

（2）最佳知情人原则：访谈对象尽量选择利益相关方中最具知情权的人，以便给品牌建设提供最为清晰、准确和全面的信息。

3. 访谈题目的设置

访谈的题目应紧密围绕访谈的目的来设置；访谈具有较强的开放性，更多时间是留给被访谈对象去表达和交流；访谈的题目应该简洁但切中要害，每一道题目要了解哪些信息、了解到怎样的程度等都需要提前有预判。此外，访谈题目的顺序安排要符合从前往后、从浅入深、从主线到直线的话题讨论逻辑和程序。

4. 访谈过程中的调整和变化

访谈提纲往往不能完全覆盖访谈要了解的信息，随着访谈的深入进行，可能会产生很多新的观点、信息和情况，访谈者应及时应变，根据最新了解的情况提出新的问题，追根溯源，引导访谈对象提供更多、更全面的信息。此外，访谈对象思维有时会过于发散，将很多时间浪费在与品牌无关的问题上，访谈者也应把控好现场的节奏，及时引导访谈对象将话题引回到与品牌相关的事情上。

访谈提纲参考模板

电网企业红色品牌建设访谈提纲

受访对象基本信息：＿＿＿＿＿＿＿＿＿＿＿＿＿

一、红色基因相关

1. 请简要描述，最影响企业文化的五个要素。

2. 请简要描述，企业所属行业最突出的五大特点，所处地域最家喻户晓的人文精神。

二、市场相关

1. 请您来判断，客户对电网企业红色品牌的需求有哪些？

2. 企业建设红色品牌的初衷是什么？

3. 在企业自己员工眼里，企业常常被怎样描述？（高层领导的描述、中层管理的描述、基层员工的描述）

4. 在客户看来，电网企业和其他国企、公用事业单位的不同点有哪些？

5. 三年后，企业所设想的红色品牌发展是怎样的面貌？

三、企业历史相关

1. 企业发展史，请简要描述最令企业难忘的五件事情。

2. 在发展过程中，企业遇到的重要难点有哪些？

3. 如果把企业比喻为一个人，请尝试描述他的性格、品位、追求、观念、理想。

4. 如果把三年后的企业比喻为一个人，请描述他与现在的不同之处，包括性格、品位、追求、观念、理想。

四、红色品牌建设相关

1. 您认为，红色品牌建设是一个什么价值的项目，需要多长时间？

2. 对于红色品牌建设，企业内部有哪些不同的理解方式？（高层领导的理解、中层管理的理解、基层员工的理解）

3. 对于红色品牌建设，您所理解的重点工作有哪些？

4. 您认为，红色品牌建立与 VIS 形象的关系是怎样的？

5. 您希望，借助红色品牌建设解决哪些发展困扰？

6. 公司将通过怎样的方式实现公众认知层面的价值？

工具 4　品牌价值矩阵

分别从用户需求和品牌供给的角度梳理品牌价值，用户需求可以再细分，而品牌供给还可以划分功能性价值和情感性价值，借此进行交叉匹配后即可提取出可能的品牌价值定位点。

品牌价值矩阵（供需匹配）		品牌方提供的价值	
		功能性价值	情感性价值
用户想要的价值	用户的烦恼		
	额外的收获		

工具5　品牌建设绩效评估指标体系

序号	评估维度	一级指标	二级指标	权重	赋值说明	评估方式	信息来源
1	企业内部	品牌组织管理	品牌管理工作内部组织架构	4	"是"，有品牌管理组织架构，计4分；"否"，计0分	定性	企业内部资料
2			红色品牌管理组织机构	1	"是"，有红色品牌建设管理组织架构，计1分；"否"，计0分	定性	企业内部资料
3			品牌发展规划编制发布情况	4	"是"，有阶段性品牌发展规划，计4分；"否"，计0分	定性	企业内部资料
4			品牌工作团队建设、人才培养体系	4	"是"，有品牌工作人才培养体系，计4分；"否"，计0分	定性	企业内部资料
5			品牌工作资金管理机制	3	"是"，有品牌工作资金管理机制，计3分；"否"，计0分	定性	企业内部资料
6		品牌资产管理	品牌架构建设情况	4	企业仅有1个品牌，计2分，拥有2个及以上子品牌，并建立了品牌架构，计4分；"否"，计0分	定性	企业内部资料
7			品牌资产目录	4	有不同年度的品牌资产目录，0<数量≤2，计2分，3≤数量，计4分；"否"，计0分	定性	企业内部资料
8			红色品牌类型是否清晰、定位是否明确	4	品牌类型、定位明确，每个要素计2分，满分4分；"否"，计0分	定性	企业内部资料

序号	评估维度	一级指标	二级指标	权重	赋值说明	评估方式	信息来源
9	企业内部	品牌资产管理	红色品牌与企业战略关联度	4	红色品牌定位与企业发展战略有联系，计4分；"否"，计0分	定性	企业内部资料+企业发展规划
10			红色品牌视觉识别系统构建情况，包括品牌名称、品牌标识、品牌口号、品牌代言人等	6	"是"，根据品牌视觉识别系统要素数量差异，有1~2项要素，计2分，有3~4项要素，计4分，有4项要素以上，计6分；"否"，计0分	定量	企业内部资料
11			红色品牌视觉识别系统使用规范制度建立情况	2	"是"，有品牌视觉识别系统使用规范，计2分；"否"，计0分	定性	企业内部资料
12			是否建立了红色品牌商标注册、风险管理、舆情监测、危机管理等保护机制	4	"是"，品牌商标注册、风险管理、舆情监测、危机管理，每建立一项相关机制或有相关实践的，计2分，满分4分；"否"，计0分	定性	企业内部资料
13		品牌传播管理	是否制定了品牌传播制度体系或实施细则建立	4	"是"，有品牌传播相关制度文件或实施方案，计4分；"否"，计0分	定性	企业内部资料
14			品牌传播渠道	8	"是"，电视广播、报纸杂志、门户网站、社交网站、视频网站、官方微博、微信公众号、抖音等，品牌传播每运用一种渠道，计1分，满分8分；"否"，计0分	定性	企业内部资料+可公开查询的相关信息

序号	评估维度	一级指标	二级指标	权重	赋值说明	评估方式	信息来源
15	企业内部	品牌传播管理	品牌传播形式	5	"是"，新闻报道、图集、视频、品牌故事、品牌体验活动中，品牌传播每运用一种形式，计1分，满分5分； "否"，计0分	定性	企业内部资料+可公开查询的相关信息
16			品牌传播效果评估	2	"是"，有品牌传播效果评估实践，计1分，建立了品牌传播效果评估机制，计1分，满分2分； "否"，计0分	定性	企业内部资料
17		品牌评估管理	是否制定了品牌建设绩效评估体系或标准	4	"是"，有品牌建设评估机制，计4分； "否"，计0分	定性	企业内部资料
18			品牌建设绩效评估	4	"是"，有品牌建设评估实践，计2分，根据建立的品牌建设评估机制开展评估，计2分，满分4分； "否"，计0分	定性	企业内部资料
19			是否根据评估结果动态改进品牌建设工作	2	"是"，根据评估结果改进提升相关工作，计2分； "否"，计0分	定性	企业内部资料

序号	评估维度	一级指标	二级指标	权重	赋值说明	评估方式	信息来源
20	外部受众	品牌认知	红色精神与品牌内涵契合度	3	品牌内涵与红色精神要素对应数量，每个计1分，满分3分	定量	企业内部资料
21			红色品牌知名度	5	企业红色品牌相关内容在主要合作媒体中的报道数量、上稿数量（年度数据）0≤数量<20，计1分；20≤数量<50，计3分；50≤数量，计5分	定量	企业内部资料+可公开查询的相关新闻
22			红色品牌忠诚度	5	80≤得分<85，计1分；85≤得分<95，计3分；95≤得分<100，计5分	定量	企业内部资料
23			红色品牌美誉度	5	0<美誉度得分≤3，计1分；3<美誉度得分≤7，计3分；7<美誉度得分≤10，计5分	定量	问卷调查
24		品牌体验	外部受众对红色品牌的态度	5	媒体对企业的正向评价数量，每个计1分，满分5分；"否"，计0分	定性	可公开查询的媒体评价+访谈调研
25			红色品牌活动外部受众参与度	4	社会公众参与企业红色品牌活动，每100人次计1分，满分4分；"否"，计0分	定性	企业资料+访谈调研